Marlene Weber

Ausweg Amerika. Die Vereinigten Staaten als Zuflucht deutscher Auswanderer aus der Sicht von Gustav Struve

GRIN Verlag

Bibliografische Information der Deutschen Nationalbibliothek:

Die Deutsche Bibliothek verzeichnet diese Publikation in der Deutschen National-
bibliografie; detaillierte bibliografische Daten sind im Internet über http://dnb.d-
nb.de/ abrufbar.

Impressum:

Copyright © 2015 GRIN Verlag GmbH
Druck und Bindung: Books on Demand GmbH, Norderstedt Germany
ISBN: 978-3-656-94708-0

Dieses Buch bei GRIN:

http://www.grin.com/de/e-book/296216/ausweg-amerika-die-vereinigten-staaten-
als-zuflucht-deutscher-auswanderer

GRIN - Your knowledge has value

Der GRIN Verlag publiziert seit 1998 wissenschaftliche Arbeiten von Studenten, Hochschullehrern und anderen Akademikern als eBook und gedrucktes Buch. Die Verlagswebsite www.grin.com ist die ideale Plattform zur Veröffentlichung von Hausarbeiten, Abschlussarbeiten, wissenschaftlichen Aufsätzen, Dissertationen und Fachbüchern.

Besuchen Sie uns im Internet:

http://www.grin.com/

http://www.facebook.com/grincom

http://www.twitter.com/grin_com

Ludwig-Maximilians-Universität München
Historisches Seminar
Abteilung für Neuere und Neueste Geschichte

Vertiefungskurs: Die Revolution von 1848/49 in Europa
Wintersemester 2014/15

Ausweg Amerika.
Die Vereinigten Staaten als Zuflucht
deutscher Auswanderer aus der Sicht von Gustav Struve.

von
Marlene Weber

B.A. Anglistik/ Geschichte
3. Fachsemester

Abgabedatum: 11. März 2015

Inhaltsverzeichnis

„Die Auswanderung nach Nordamerika wird dieses Jahr in einem ungeheuren Maßstabe vor sich gehen. Auf allen Landstraßen begegnet man Wagen voll Greise, Männer, Weiber und Kinder. In der That ist auch in manchen Landesgegenden die Noth namenslos, und alle Anstrengungen der vielerprobten schwäbischen Wohlthätigkeit vermögen nicht aufzukommen gegen das immer gewalthiger hereinbrechende Elend [...].“

Stuttgart, 30. März 1847[1]

1. Einleitung

Schon den Zeitgenossen der Mitte des 19. Jahrhunderts war bewusst, dass sie in einer Epoche beispielloser Auswanderung aus Deutschland lebten. Es ist daher wenig überraschend, dass dieses Jahrhundert oft als „Jahrhundert der Massenauswanderung"[2] bezeichnet wird. Obgleich die zahlreichen Emigranten teilweise vollkommen unterschiedliche Motive hatten, ihr Heimatland zu verlassen, so ist es ein Phänomen, das in ganz Europa anzutreffen war. Es zog sich durch sämtliche gesellschaftliche Schichten und Berufsgruppen; es ergriff sowohl die ärmliche Unterschicht als auch wohlhabende Aristokraten. Diese Breite ist unter anderem zurückzuführen auf die gute Informationslage über das jeweilige Zielland, sodass man sich schon in der Heimat mit den Gegebenheiten in der „neuen Welt" vertraut machen konnte.

Angesichts des Gewichts dieser Thematik kann sich die vorliegende Arbeit nicht in aller Breite auf die europäische Auswanderungsbewegung konzentrieren, und ist daher vornehmlich auf die Auswanderung aus Deutschland in die Vereinigten Staaten von Nordamerika im 19. Jahrhundert fokussiert. Ausgangspunkt meiner Untersuchung ist ein Handbuch von Gustav Struve aus dem Jahr 1867[3], anhand dessen ich zum Einen die erhältlichen Informationen für potenzielle Emigranten beleuchten möchte, zum Anderen untersuche ich den Standpunkt Struves bezüglich der Vereinigten Staaten näher. Er selbst gehörte den *German Forty-Eighters* an, jener Gruppe von Auswanderern, die Deutschland nach der gescheiterten Revolution von 1848/49 desillusioniert verließen bzw. verlassen mussten. Die Kernfragen der Arbeit

---

[1] *Oldenburgische Zeitung* No. 30, 13.04.1847. Online in Internet: URL: http://www.nausa.uni-oldenburg.de/juerjens/index.html. [Abrufdatum 10.03.2015].

[2] Von Hippel, W. und Stier, B. (Bearb.): Europa zwischen Reform und Revolution 1800-1850. Stuttgart 2012 (=Handbuch der Geschichte Europas, Bd. 7).

[3] Struve, Gustav: Kurzgefaßter Wegweiser für Auswanderer mit besonderer Rücksicht auf Nordamerika die brittischen Colonien, Mexiko, die südamerikanischen Republiken, Brasilien und Australien. Bamberg 1867. Online in Internet: URL: http://reader.digitale-sammlungen.de/resolve/display/bsb10434379.html. [Abrufdatum 10.03.2015]

konzentrieren sich deshalb auch auf die Person Struves: Wie sieht er die Vereinigten Staaten als Zielland? Worauf baut sich dieses Wissen auf und was haben eigene Erlebnisse dazu beigetragen? Ebenso werde ich untersuchen, ob sein Werk ausreichende Objektivität besitzt und wie fundiert sein Wissen überhaupt sein kann. Warum Struve gerade die Staaten als Ziel empfiehlt, wo er doch selbst nach einigen Jahren Aufenthalt wieder nach Deutschland zurückkehrte, wird ebenfalls Gegenstand nachfolgender Untersuchung sein. Die übergeordnete These, dass die Berichterstattung und Informationen über das Zielland selten objektiv waren, wird sich deshalb anhand der gestellten Leitfragen klären und im Schlussteil beantwortet werden.

Daraus ergeben sich inhaltlich folgende Begrenzungen für die vorliegende Arbeit: Den Revolutionsverlauf von 1848/49 setze ich als behandeltes Wissen im zugehörigen Basiskurs voraus. Im ersten Kapitel gebe ich lediglich eine knappe allgemeine Übersicht zur Auswanderungsbewegung als allgemeines Hintergrundwissen. Der Fokus liegt im Dunstkreis der Revolution und der Biographie Gustav Struves sowie der Gruppe der *Forty-Eighters*. Grundlage dieses Kapitels bilden zwei Handbücher zum 19. Jahrhundert[4,5], die das Stichwort „Auswanderung" prägnant und übersichtlich behandeln, sowie Siemanns Grundlagenwerk zur Gesellschaft[6] und ein Exkurs-Kapitel einer Hochschulschrift zum Thema Auswanderung aus Süddeutschland.[7] Als weiteres namhaftes Grundlagenwerk ist in diesem Zusammenhang auch Zuckers *Forty-Eighters*[8] zu nennen, welches einen guten Überblick über Situation auf beiden Seiten des Ozeans mit besonderem Augenmerk auf die politisch motivierten Einwanderer bietet. *Deutsches Herz und amerikanischer Verstand*[9] ermöglicht einen guten Einblick in die Beweggründe dieser politischen Zuzügler, ebenso die Online-Plattform des

---

[4] Von Hippel: Handbuch Europas Bd. 7
[5] Fisch, Jörg (Bearb.): Europa zwischen Wachstum und Gleichheit 1850-1914. Stuttgart 2002. (= Handbuch der Geschichte Europas, Bd. 8).
[6] Siemann, Wolfram: Gesellschaft im Aufbruch. Deutschland 1848-1871. In: Moderne deutsche Geschichte, hrsg. Von Hans-Ulrich Wehler. Frankfurt am Main 1996.
[7] Henßler, Patrick: Schreiten wir vorwärts und gründen unmerklich Reiche. Schwäbische Revolutionäre in den Vereinigten Staaten von Amerika. Zur Kontinuität politischer Einstellungen. Frankfurt am Main 2007, S. 37-42. (= Europäische Hochschulschriften, Reihe 3. Geschichte und ihre Hilfswissenschaften.).
[8] Zucker, Adolf E. (Hrsg.): The Forty-Eighters. Political Refugees of the German Revolution of 1848. New York 1950.
[9] Mania, Mario: Deutsches Herz und amerikanischer Verstand. Die Nationale und Kulturelle Identität der Achtundvierziger in den U.S.A.. Frankfurt am Main 1993. (= Europäische Hochschulschriften, Reihe 14. Angelsächsische Sprache und Literatur).

German Heritage[10]. Im zweiten Kapitel beschäftige ich mich näher mit der Informationslage über das Zielland Nordamerika in Deutschland, wie sich Struve selbst informiert hat und was seine Beweggründe zur Emigration waren. Dazu habe ich die ebenfalls von Struve verfassten Hefte *Diesseits und Jenseits des Oceans*[11] verwendet, um mehr über seine persönlichen Motive zu erfahren, sowie wiederum die o.g. Handbücher. Das vierte Kapitel gibt eine kurze Auskunft über das Leben Struves und ist die Basis für die Quellenbewertung, da es seinen Charakter, seine Werte und Positionen darstellt, welche maßgeblich den Ton seiner Publikationen beeinflusst haben. Dieser Abschnitt basiert auf einer kurzen biografischen Angabe bei Zucker und einer ausführlichen Beschreibung von Struves Charakter bei Reimann.[12] Dazu habe ich seine Standpunkte analysiert und diese mit seiner Biographie und den Aussagen anderer Historiker im Sinne der Zeit verglichen. Im nächsten Abschnitt beleuchte ich sein Werk, den Ratgeber für Auswanderungswillige von 1867, genauer und stelle dar, wie Struve die Situation in den Vereinigten Staaten darstellt. Das sechste Kapitel befasst sich sodann mit der Bewertung und Kritik des Ratgebers anhand der eingangs genannten Leitfragen. Dazu habe ich zum Vergleich Winzers *Emigranten*[13] herangezogen, sowie Aussagen Zuckers und Struves eigene rückblickende Beschreibung seines Aufenthaltes in Nordamerika in den bereits genannten Heften. Im Schluss findet sich eine prägnante Zusammenfassung der Arbeit und die abschließende Beantwortung und Bewertung der Leitfragen sowie Ansatzpunkte für weiterführende Fragestellungen.

Ein Blick auf die Forschungslage zeigt deutlich, dass es bezüglich der Revolution von 1848/49 im Allgemeinen und der Auswanderung nach Nordamerika im Besonderen bereits eine Vielzahl von Untersuchungen gibt. Zu letzterem Thema entstanden diese vor allem Ende des 19. Jahrhunderts im Hinblick auf soziale und wirtschaftliche Ursachen der Massenauswanderungen und die Auswanderungspolitik der einzelnen europäischen Staaten.[14] Jedoch fehlt es an einer umfassenden

---

[10] Online in Internet: URL: http://www.germanheritage.com. [Abrufdatum 05.03.2015].

[11] Struve, Gustav: Diesseits und Jenseits des Oceans. Zwanglose Hefte zur Vermittelung der Beziehungen zwischen Amerika und Deutschland. Coburg 1867. Online in Internet: URL: http://www.mdz-nbn-resolving.de/urn/resolver.pl?urn=urn:nbn:de:bvb:12-bsb10017402-0. [Abrufdatum 05.03.2015].

[12] Reimann, Mathias: Der Hochverratsprozeß gegen Gustav Struve und Karl Blind. Der erste Schwurgerichtsfall in Baden. Sigmaringen 1985.

[13] Winzer, Fritz: Emigranten. Geschichte der Emigration in Europa. Mit 15 Karten von F. W. Stümbke. Frankfurt am Main 1986.

[14] Online in Internet: URL: http://www.auswanderung-rlp.de/auswanderung-nach-nordamerika.html. [Abrufdatum 07.03.2015].

gesamteuropäischen Perspektive zur Sozialgeschichte im 19. Jahrhundert. Zu den Errungenschaften Deutscher in der neuen Heimat sind im Gegensatz dazu einige Werke erschienen, teilweise sogar autobiographische Darstellungen[15]. Während des Dritten Reiches wurde das Thema hauptsächlich aus ideologischen Motiven untersucht, da damals das Auswandern genau wie in Bismarcks Zeiten als Verrat am Vaterland angesehen wurde. In den Jahren nach dem Zweiten Weltkrieg wurde das Thema Emigration zunächst richtiggehend tabuisiert und erst in den 1970er Jahren wieder international aufgegriffen. Dennoch konzentrierten sich die nachfolgenden Studien auf die nordeuropäischen Auswanderer aus Skandinavien, sodass für Mitteleuropa durchaus Aufholbedarf in den transatlantischen Studien besteht. Außerdem ist die Ansiedelung deutscher Gruppen in Nordamerika noch wenig beachtet worden, was aber auch an der schwierigen Quellenlage und der Tatsache der steten Zerstreuung und Wanderung innerhalb des Landes liegt.

Schließlich möchte ich den Begriff „Amerika" für diese Arbeit noch festlegen. Hauptaugenmerk liegt wie eingangs festgehalten auf der Wanderungsbewegung in die Vereinigten Staaten von Nordamerika; der Einfachheit halber werden diese hier „Amerika" bzw. „Nordamerika" benannt.

2. Die Auswandererbewegung aus Deutschland in die USA

2.1 Überblick über die Auswanderung im 19. Jahrhundert

Stetig steigendes Bevölkerungswachstum, der Fall der Auswanderungsverbote aus den deutschen Einzelstaaten bis 1820 und eine instabile wirtschaftliche und auch vermehrt prekäre politische Situation werden in der Literatur als Hauptgründe für die massenhafte Auswanderung aus Europa angeführt. Da fast überall ähnliche Umstände herrschten, war eine innereuropäische Wanderungsbewegung kaum vorhanden, außer in Länder wie England, der Schweiz oder Frankreich, die politisch Verfolgten als zeitweiliges Exil dienten.

Neben den oben genannten *push factors* existierten gleichermaßen auch *pull factors*. Häufig war der Wunsch, Deutschland zu verlassen, genährt von der Hoffnung auf generell bessere Lebensaussichten. Oft spielten zu geringer Grundbesitz, ein Mangel an Arbeitsplätzen und niedrige Löhne, unter anderem hervorgerufen durch die

---

[15] Schurz, Carl: Lebenserinnerungen. Berlin 1920.

Industrialisierung, eine wesentliche Rolle. [16] Die Aussicht auf reichlich verfügbares, unbebautes Land und gute Aufstiegs- und Verdienstmöglichkeiten ließ die Bindung an die Heimat schnell sinken. Politische Motive spielten ebenfalls eine wichtige Rolle. Wenngleich diese meist nicht der alleinige Grund waren, so bekräftigte eine generelle Unzufriedenheit mit und eine Unterdrückung durch das System oftmals den Entschluss zu gehen. Die Regierungen ihrerseits hielten Auswanderungswillige nicht zurück, in manchen Fällen war man erleichtert, dass der- oder diejenigen das Land verließen. [17] Zudem trug die Abwanderung auch zur Entspannung der Engpässe im wirtschaftlichen [18] und sozialen Bereich bei sowie zur Entschärfung politisch konfliktreicher Situationen, die aus diesen Spannungen resultierten. Für das Zielgebiet bedeutete dies in den meisten Fällen zunächst einmal wertvolles, meist junges Humankapital, um noch unbewohnte Territorien zu erschließen und um die Wirtschaftsentwicklung anzukurbeln. Den raschen Zuwachs an politischem und wirtschaftlichem Einfluss haben daher die Vereinigten Staaten zu einem großen Teil den zahlreichen Zuwanderern aus aller Welt zu verdanken. Gleichwohl haben beide Welten von den Beziehungen quer über den Ozean profitiert, da diese den transatlantischen Handel im Allgemeinen begünstigten und ausbauten. Bei aller Euphorie wird jedoch häufig übersehen, dass dies auch von den sogenannten „Zwangswanderungen" abhing, nämlich dem Sklavenhandel nach Nord- und Südamerika, an dem sich auch europäischer Händler beteiligten. [19]

Was die gesellschaftlichen Gruppen angeht, welche bevorzugt auswanderten, so waren es in der ersten Hälfte des 19. Jahrhunderts meist Angehörige aus klein- und unterbäuerlichen Schichten und Handwerker. Oft im ganzen Familienverband emigriert, verfügten sie über kaum mehr als die Mittel zur Überfahrt und den Erwerb von Land, Tieren und Gerätschaften. Teilweise musste man sich als Dienstbote auf eine bestimmte Zeit im Zielland verdingen, um die Kosten der Seereise abzuarbeiten. Die Zahl in diesem Zeitabschnitt beläuft sich auf insgesamt mehr als drei Millionen Europäer, davon stammten 600.000 bis 800.000 Menschen aus Deutschland. [20] Vor allem nach den Hungerkrisen von 1816/17 nahm die Zahl der Neuankommenden

---

[16] Einführung der *Realteilung*, d.h. der besitzsplitternden Erbteilung verkleinert die Güter und die das Erwirtschaften von Gewinnen schwerer.
[17] Gemeint sind politisch Radikale und die verarmten, unterbürgerliche Schichten.
[18] Spannungen gab es v.a. auf dem knappen Arbeitsmarkt und wegen Bodenknappheit.
[19] Zwischen 1800 und 1850 beläuft sich die Zahl der eingewanderten Sklaven auf drei Millionen Menschen.
[20] Von Hippel: Handbuch Europas Bd. 7, S. 298.

stark zu. In der zweiten Hälfte des Jahrhunderts war es hauptsächlich die Krisenphase zwischen 1846 und 1850, welche die Emigration begünstigte. Europa musste hier durch die Revolutionen und Agrarkrisen große Einbußen in allen Bereichen verkraften. [21]

Als grundsätzliches Novum dieser Epoche ist das stete Wachstum der Bevölkerung ohne Aussicht auf eine natürliche Begrenzung zu sehen. Technischer und medizinischer Fortschritt unterbanden den Ausbruch von Krankheiten und anderen Katastrophen, wie das in der Vergangenheit oft der Fall war. So stieg die Geburtenrate weiter an und die Sterbeziffer sank kontinuierlich. Ein Anstieg der Lebensmittelpreise sorgte jedoch für eine Strukturkrise, auch oft unter dem Begriff *Pauperismus* bekannt. In der Forschung ist es umstritten, ob die Abwanderung einen Nachteil oder einen Vorteil für das betroffene Gebiet darstellte.[22] Fest steht, dass die Auswanderung nicht zwingend notwendig gewesen wäre, um das System zu regulieren, da das Wirtschaftswachstum ständig anstieg und in den Jahren nach der Revolution auch optimistische Prognosen gewagt wurden.[23] Jedoch stellte die Abwanderung bestimmter Gruppen zunächst - wie bereits erwähnt - eine Entschärfung von gesellschaftlichen Konflikten dar. Fest steht auch, dass der große Strom aus Deutschland durchaus ein Ausdruck tiefgreifender Not und Verzweiflung gewesen ist.

Die neu entstandene Emigrationsindustrie, auf welche in Kapitel drei noch genauer eingegangen wird, verstärkte überdies die Pläne, in einem anderen Land einen Neuanfang zu wagen. Wichtig bleibt zu bemerken, dass es niemals eine eindimensionale Flucht war. Meistens stellten soziale Missstände, akute finanzielle Not und Arbeitsmangel ein Zusammenspiel dar, welches einen Schub durch die jeweils aktuellen politischen Missstände und die positiven Nachrichten aus Amerika erhielt. Die Hoffnungen auf persönliche Freiheit vor allem während der Reaktionszeit, sowie auf eine gute materielle Versorgung in Krisenzeiten machten es leichter, die Heimat hinter sich zu lassen.

---

[21] Zwischen 1846-50 kamen 256.000 Auswanderer pro Jahr von Europa nach Amerika. Bis 1914 sind insgesamt 40 Mio. Menschen aus Europa in überseeische Länder ausgewandert. Ebd., S. 298.
[22] Fisch: Handbuch Europas Bd. 8, S. 253.
[23] Siemann: Gesellschaft im Aufbruch, S. 127.

Abschied von Deutschland.[24]

Als Routen wurden zunächst die traditionellen Wege des 18. Jahrhunderts gewählt. Per Schiff ging es auf den größeren deutschen Flüssen über Paris nach Le Havre am Atlantik oder über Antwerpen in den Hafen von Rotterdam. Nach dem Ausbau des Eisenbahnnetzes erhöhten sich Bequemlichkeit und Zeitersparnis; die Einschiffung erfolgte nun meist in Bremerhaven, dem bedeutendsten kontinentaleuropäischen Auswanderungshafen der Zeit. Als Zielhafen wurde meistens aufgrund der guten Anbindungen in sämtliche Landesteile New York auserkoren, aber auch Baltimore, New Orleans, Philadelphia und Boston wurden angesteuert.

Die Auswanderungsbeschränkungen wurden, wie oben festgestellt, in Deutschland bis 1820 aufgehoben, sodass als Hinderungsgründe lediglich laufende Ermittlungen, Militärdienst oder finanzielle Verpflichtungen eine Rolle spielten. Allerdings ist auch zu erwähnen, dass manchen Gefangenen ein Hafterlass bei sofortigem Verlassen des Landes gewährt wurde und viele trotz eines offiziellen Verbots ganz einfach heimlich auswanderten.

2.2 Zusammenhang zwischen Auswanderung und Revolution (1848/49)

Siemann stellt fest, dass die instabile politische Situation Ende der 1840er der ohnehin schon großen Auswanderungsbewegung noch einen zusätzlichen Schub verlieh.[25] Die Hoffnung auf freiere staatliche Verhältnisse musste scheinbar endgültig begraben werden und die Maßnahmen der nachfolgenden Reaktion verstärkten die Unterdrückung der Bevölkerung noch umso mehr; die schlechte wirtschaftliche Situation vermochten die Landesherren jedoch nicht zu beseitigen. Eine allgemeine Resignation machte sich breit. Politisch Aktive konnten nach der Revolution in manchen Fällen ihren Beruf nicht mehr ausüben, dies war vor allem im Staats- und Kirchendienst der Fall. Diejenigen Liberalen und Radikalen, die im Exil

---

[24] Online in Internet: URL: http://www.noz.de/media/2013/09/15/ueber-zeitungsanzeigen-nahmen-auswanderer-abschied_full.jpg (Stadtarchiv Lingen). [Abgerufen am 14.03.2015].
[25] Siemann: Gesellschaft im Aufbruch, S. 134.

in der Schweiz, in Frankreich oder in England noch auf eine Rückkehr hofften, sahen ein, dass dies in nächster Zeit nicht möglich sein würde. Da sie selbst im Exil noch verfolgt und überwacht wurden und der Druck auf die Aufnahmeländer stieg, brauchte man schließlich eine langfristige Bleibe und oft fiel die Wahl auf Übersee.[26] Warum aber erschien Amerika den *Achtundvierzigern* so attraktiv? Zunächst einmal eilte dem Land der Ruf voraus, Ausländer bereitwillig aufzunehmen und viele Europäer verfolgten mit großem Interesse dessen neue Staats- und Gesellschaftsform. Des Weiteren galt der nordamerikanische Staatenbund als der damals fortschrittlichste und freieste Staat der Erde ohne einengende Beschränkungen durch unterdrückerische Gesetze und monarchische Systeme. Der gleichberechtigte Zusammenschluss aller eingewanderten Ethnien ohne angelsächsische Dominanz wie beispielsweise in Kanada sprach den Neuankömmlingen ihre Identität nicht ab, sondern ermöglichte es ihnen, sich gewinnbringend einzubringen und ihre Werte und Überzeugungen weiterhin zu verfolgen. Dies entsprach auch dem kosmopolitischen, weltoffenen Wesen der *Achtundvierziger*. Heinzen formulierte treffend „deutscher Geist und amerikanischer Politik" hätten sich ergänzt und bei Schurz[27] haben sich das „deutsche[…] Herz und [der] amerikanische[…] Verstand"[28] gut zusammengefunden ohne sich auszuschließen. Die Revolution und anschließende Unabhängigkeit von England nahmen sie als Identifikationsangebot an und sahen es auch als eine Chance, die noch vorhandenen Missstände in Amerika zu beseitigen und die republikanischen Ideale[29] neu zu beleben und endgültig zu verwirklichen. Auch kann darin die Weiterführung der gescheiterten Revolution in Deutschland gesehen werden. Die oben genannten Probleme waren vornehmlich die noch nicht abgeschaffte Sklaverei und der daraus resultierende Bürgerkrieg zwischen den Nord- und Südstaaten Amerikas[30], in welchem sich die *Achtundvierziger* ebenfalls stark engagierten und sich freiwillig zum Kriegsdienst auf Seiten der Unionspartei meldeten. Der zudem weit verbreitete *frontier spirit* bzw. das Konzept des *manifest destiny*, welches steten Fortschritt und ständiges Erschließen neuer Territorien beinhaltete, war gut mit den Werten der europäischen Revolutionen zu vereinbaren.

---

[26] Allein aus politischen Gründen aus Deutschland Ausgewanderte machten max. 10% in der Gesamtzahl aus.
[27] Beide waren Angehörige der *Forty-Eighters*.
[28] Mania: Deutsches Herz und amerikanischer Verstand. S. 88f.
[29] Die Ideale der Republikaner waren Staatliche Einheit, Freiheit u. eine demokratische Verfassung.
[30] Auch Sezessionskrieg (1861-65).Die Abschaffung d. Sklaverei fand i. d. Jahren 1865 bis 1867 statt.

Amerika profitierte von den sogenannten *Forty-Eighters* ungemein, da sie bald nach ihrer Ankunft wichtige Positionen in Politik und Gesellschaft einnahmen. Dies unterschied sie auch wesentlich von den vorangegangenen Generationen[31] von Auswanderern. Waren es zuvor meist Bauern und Handwerker, so gesellten sich nun Professoren, Lehrer, Beamte, Publizisten und Schriftsteller dazu. Der gute Ruf der Deutschen als „bestes Element des Landes"[32] ist zu einem großen Teil ihnen zu verdanken. Laut Zucker waren die *Achtundvierziger* meist kosmopolitisch und freiheitlich gesinnt; also Freidenker wenn nicht Atheisten und vor allem Humanisten.[33] Sie vermochten zwar den Lauf der Geschichte in Deutschland nicht zu verändern, allerdings war ihr Einfluss in Nordamerika immens. So waren die deutschen Einwanderer oft als führende Ethnie bekannt und sehr engagiert auf dem Gebiet der Politik. Dort konnten sie ihre revolutionären Ideale, namentlich die Freiheit, die Gleichheit aller, Bildung für alle und die Möglichkeit zur aktiven politischen Teilhabe weiter propagieren und endlich verwirklicht sehen. In den meisten Fällen schlossen sie sich der republikanischen Partei an, da diese weitestgehend mit ihren Überzeugungen einherging. Darüber hinaus waren sie am kulturellen Leben sehr stark beteiligt. Angefangen von der Gründung des *Nordamerikanischen Sängerbundes* im Jahr 1849 bis hin zu zahlreichen Turnerbünden und weiteren deutsch-amerikanischen Organisationen und zweisprachigen Bildungseinrichtungen war diese Beteiligung eine enorme Bereicherung für das gesellschaftliche Leben in den Vereinigten Staaten.

3. Informationsmöglichkeiten über das Zielland

Die im zweiten Kapitel angesprochene Emigrationsindustrie verhalf seit den 1830er Jahren, als immer mehr Menschen auswanderten, einerseits zu größerer Transparenz und einem höheren Informationsniveau. Andererseits wurden jedoch auch zahlreiche Auswanderer übervorteilt und betrogen. Sei es bei zu hohen Preisen für die Überfahrt, sehr schlechten Bedingungen an Bord und schlicht und einfach Leerverkäufe an Grund und Boden in Übersee. Erst die staatliche Konzessionierung zur Mitte des Jahrhunderts hin verbesserte die Situation einigermaßen. Es gab

---

[31] An einigen Stellen tauchen auch die Begriffe *Grays* (1. Generation) vs. *Greens* (folgende Generationen) auf. Zucker: Forty-Eighters, S. 120.
[32] Siemann: Gesellschaft im Aufbruch, S. 135.
[33] Zucker: Forty-Eighters, S. 20.

Auswanderervereine und Gesellschaften, spezielle Agenturen und häufig Annoncen derselben in den gängigen Zeitungen und Wochenblättern.

Fr. Zimmermann in Schortens,
bevollmächtigter Agent für Ed.
Schon in Bremen,
empfiehlt Auswanderern nach Newyork, Baltimore und New-Orleans prompte und vorzügliche Ueberfahrtsgelegenheiten in schönen, schnellsegelnden, kupferfesten und gekupferten Dreimastern unter der Versicherung, daß er stets die allerbilligsten Preise stellt und jeder Concurrenz zu begegnen im Stande ist. — Da die Ueberfahrtspreise im April und Mai außerordentlich hoch sind, ist Auswanderern eine Abreise im März ganz besonders anzurathen. — Den Verwandten der von mir im vorigen Jahre beförderten Personen dient zur Anzeige, daß alle von mir expedirten Emigranten glücklich in America anlangten.

Anzeige eines Auswanderungsagenten in Bremen.[34]

Zahlreiche Zeitschriften und Bücher zu diesem Thema, wie beispielsweise von Gustav Struve, waren in Deutschland leicht erhältlich. In Amerika hatte er eine führende Rolle im Pressewesen inne und in Deutschland hatte er es sich zum Ziel gesetzt, die teilweise als sehr negativ dargestellten Lebensbedingungen zu relativieren und dem potenziellen Einwanderer einen Ratgeber an die Hand zu geben, der mit allen relevanten Informationen und praktischen Tipps zum Schutz vor Ausbeutung ausgestattet war.

Wer Verwandte hatte, die schon ausgewandert waren, konnte auf verlässliche Berichte aus erster Hand zurückgreifen und hatte einen leichteren Start in der neuen Heimat. Dies führte zur sogenannten Kettenwanderungen, was bedeutet, dass spätere Familienmitglieder, Freunde und Bekannte in die neue Heimat nachkamen und sich so auf finanzielle und materielle Hilfen in den ersten Wochen verlassen konnten.

Wichtige Informationen über Schiffsagenturen, Anlegestellen und Reiserouten erhöhten die Sicherheit und Planbarkeit der Unternehmung. Viele ließen die gesamte Reise von Agenturen organisieren; langfristig lies dies unter anderem auch die Preise der Überfahrten sinken. Durch neu eröffnete Konsulate konnte man auf Rechtsbeistand in Streitigkeiten mit dem Organisator hoffen und Auswanderervereine in Amerika boten erste Hilfestellungen für Neuankömmlinge an. Friedrich Kapp, ebenfalls ein *Achtundvierziger*, wurde in New York sogar als *Commissioner of Immigration* eingesetzt, um zahlreiche Missstände und Betrugsfälle

---

[34] Online in Internet: URL: http://hv-schortens.de/oft-letzter-ausweg-aus-der-not-amerika/. [Abgerufen am 09.03.2015].

in Zusammenhang mit den Auswanderern aufzuklären.[35] Moderne Dampfschiffe ermöglichten zudem nicht nur den Austausch von Menschen, sondern auch von Waren aus Übersee, was die neue Heimat in Europa noch greifbarer machte.

Gustav Struve befasste sich nach eigener Aussage erst in Amerika näher mit den Gepflogenheiten des Landes. Seine Auswanderung war nicht von langer Hand geplant, da er bis zum Schluss hoffte, wieder nach Deutschland einreisen zu können. In England[36], seinem letzten Zwischenstopp in Europa, erkannte er, dass ein europäisches Land langfristig nicht als Exil dienen konnte. Er war sich sicher, dass ihn - falls er bliebe - „der sichere Tod"[37] erwarten würde.[38] So schiffte er sich 1851 in Liverpool nur äußerst widerwillig in Richtung Nordamerika ein. Es widerstrebte ihm, die Revolution unvollendet hinter sich zu lassen. Seine Meinung sollte sich erst bessern, als er vier Wochen später das erste Mal Staten Island vom Schiff aus sah. Im Fall Struves kann man also weniger davon ausgehen, dass die Attraktivität Amerikas als Einwanderungsland auschlaggebend für seine Wahl war, sondern eher Ergebnis eines Ausschlussverfahrens. Am Ende bestand aus der Sicht Struves keine andere Möglichkeit mehr, als für eine gewisse Zeit nach Übersee zu gehen. Er selbst beschreibt sich in dieser Zeit als einen „Europamüden".[39]

4. Gustav Struve: biographischer Hintergrund

Gustav Struve wurde 1805 in eine der oberen gesellschaftlichen Schicht angehörende Familie geboren. Sein Vater, Johann Gustav von Struve war Diplomat in München im russischen Dienst. Er selbst legte den Adelszusatz jedoch 1847 ab. Nach seinem abgeschlossenen Jurastudium an verschiedenen deutschen Universitäten trat er in den Staatsdienst ein und wurde Attaché der oldenburgischen Bundestagsgesandtschaft in Frankfurt. Wegen seiner radikalen Ansichten[40] und seiner Sympathie gegenüber einer republikanisch-demokratischen Staatsordnung sowie seiner Mitgliedschaft in einer verbotenen Burschenschaft in Heidelberg musste er diesen mehr oder minder freiwillig bald wieder verlassen. Zahlreiche Anklagen und Prozesse folgten. Als der

---

[35] Zucker: Forty-Eighters, S. 75.?
[36] Obwohl er ein erbitterter Gegner der Aristokratie war, findet sich in seinen Schriften an keiner Stelle ein Vermerk über die politische Situation in England, sondern lediglich über eine fehlende Anstellung in London.
[37] Struve: Diesseits und Jenseits des Oceans. Bd. 1, S.1.
[38] Aus der Schweiz war er zuvor ausgewiesen worden und in Frankreich wurde er polizeilich überwacht. England konnte ihm keine sichere Erwerbsquelle bieten.
[39] Struve: Diesseits und Jenseits, Kap. 1.
[40] Diskussion über Pressefreiheit, öffentliche Verfahren und Schwurgerichte fanden während seiner Zeit in Heidelberg statt.

Versuch, eine akademische Laufbahn einzuschlagen ebenfalls scheiterte, markierte dies einen beruflichen Tiefpunkt für Struve. 1833 nahm er aus Geldmangel erneut eine Tätigkeit als Anwalt am Oberhofgericht an, gleichzeitig begann er auch zu publizieren. Zehn Jahre später gründete er eine Studentenzeitung und den Studentenverein *Alemannia*. Als Redakteur war er inzwischen ins Auge der Zensurbehörden gerückt und führte einen zähen Kampf mit diesen. Seine weitere Radikalisierung ist auch als Reaktion auf diesen Spießroutenlauf zu sehen. Während dieser Zeit freundet er sich mit dem bedeutend jüngeren 21-jährigen Friedrich Hecker – ebenfalls Anwalt - an, der ihn in zahlreichen Prozessen verteidigte. Sein 1845 erschienenes fiktives Werk über einen Briefwechsel zweier Diplomaten[41], welches das System Metternich scharf kritisierte, bescherte ihm plötzliche Popularität. Die Folge war jedoch eine baldige Beschlagnahmung und eine Anklage, welche ihm vier Wochen Gefängnis einbrachte. In diesem Jahr heiratete er auch seine Frau Amalie, eine selbstständige Sprachlehrerin. Obwohl die beiden 19 Jahre trennten und der Ruf ihres Vaters sehr schlecht war, war ihre Ehe harmonisch - nicht zuletzt weil sie dieselben politischen Ansichten vertraten. 1846 verliert er schließlich den Redakteursposten der monarchisch-konservativen Tageszeitung *Mannheimer Journal*, sodass er kurz darauf den *Deutschen Zuschauer* gründete. Mit einer Auflage von 1200 Exemplaren wurde dieser ein überregionales Sprachrohr der radikalen Minderheit dieser Zeit.

Was seine politische Einstellung und seinen Charakter anbelangt, so sind diese laut Reimann sehr diffus und entbehren einer soliden Grundlage, um ihn klar einer Strömung zuzuordnen; vielmehr handele es sich bei ihm um eine Summe verschiedenster Einzelanschauungen. Die Grundlage dazu legte das radikale Gedankengut des badischen Vormärz, und die Lektüre von Philosophen wie Stirner, Ruge, Feuerbach und auch Marx. Aber auch antike Denker wie Platon und Aristoteles und neuzeitliche Klassiker wie Montesquieu und Rousseau beeinflussten Struve merklich. Rousseaus *Emile* ließ ihn zum Vegetarismus übergehen und der *Contrat Social* prägte sein politisches Denken enorm.[42] Allgemein gesagt war er ein Moralist, der für die Tugendideale einstand und für die grundlegenden Forderungen der Revolution: Freiheit, nationale Einheit, geistiges Eliteprinzip bei einem Minimum an sozialer Gleichheit, der Persönlichkeitsentfaltung und gleichmäßig

---

[41] Struve, Gustav: Briefwechsel zwischen einem ehemaligen und jetzigen Diplomaten. Mannheim 1845.
[42] Reimann: Hochverratsprozess, S. 23.

verteiltem Wohlstand, der durch Fleiß zu erwerben sein muss. Er erkennt außerdem die wichtige Bedeutung, die dem sogenannten vierten Stand zukam, der Arbeiterschaft. Dennoch war er trotz all dieser Ansichten kein Kommunist. Die von ihm benannten „6 Geißeln der Menschheit" umfassen die Monarchie, die Aristokratie, die Bürokratie und das stehende Heer sowie Geldwucher und das Pfaffentum, welche zum Wohle aller abgeschafft werden müssten um das Volk vor Ausbeutung zu schützen. Ein Staat, der nicht die Harmonie aller Beteiligten zum Ziel hat, entbehrte in seinen Augen jedweder Grundlage.[43] Radikaler als seine Einstellungen waren jedoch sein konsequentes Verfolgen dieser Ziele, seine Kompromisslosigkeit und der Mut, vom Gedanken in die Ausführung zu gehen. Die Initiierung der Volksversammlung in Offenbach, auf der die Revolutionäre ihre Forderungen formulierten, brachte ihm später die Wahl ins Vorparlament ein. Dieses verließ er jedoch schon nach kurzer Zeit resigniert. Neben Hecker war er die zentrale Figur in der badischen Revolution und Anführer des Septemberaufstandes von 1848. Nach dessen Scheitern musste er in die Schweiz ins Exil fliehen, um kurz darauf in der neu ausgerufenen Republik Baden eine führende Rolle zu übernehmen. Nach deren Kollaps jedoch wurde er von der Obrigkeit zu Zwangsarbeit verurteilt, der er nur durch eine Befreiungsaktion knapp entging.

Über Frankreich und England fanden er, seine Frau und deren Vater Anfang der 1850er schließlich eine neue zeitweilige Heimat in Amerika. Dort trieb er zunächst die Arbeit an seinem neunbändigen Hauptwerk, der *Geschichte der Welt* weiter voran.[44] Als Herausgeber der Zeitung *Deutscher Zuschauer* befasste er sich erstmals näher mit den Verhältnissen in seiner neuen Heimat. Seine Kenntnisse erweiterten sich so weit, als dass er Beiträge in den Göttinger Auswandererzeitschrift *Transatlantischen Studien*[45] veröffentlichte, an denen auch andere *Forty-Eighters* wie Froebel, Kapp und Domschke beteiligt waren. Allmählich wurde er so auch zum Anhänger Lincolns und der *Republican Party* sowie erbitterter Gegner der Sklaverei. 1861 schließlich meldete er sich im amerikanischen Bürgerkrieg als Freiwilliger. Er hatte es bis zum *Captain* geschafft, trat jedoch aus der Armee aus, als Prinz Felix zu Salm-Salm sein Vorgesetzter werden sollte. Im gleichen Jahr starb auch seine Frau Amalie an den Folgen der Geburt der dritten Tochter. Ebenfalls musste er seinen

---

[43] Ebd., S. 23f.
[44] Dessen zentrale These war es, dass die Tyrannei Einzelner der wirtschaftlichen und kulturellen Entwicklung einer Gesellschaft schade. In: Struve, Gustav: Weltgeschichte. 9 Bände und ein Nachtrag. New York 1853/1864.
[45] Wiegand (Hrsg.) Atlantische Studien. Göttingen 1855.

Schwiegervater und seine älteste Tochter auf Staten Island, seinem hauptsächlichen Wohnsitz in den Staaten, begraben.

In einem persönlichen Rückblick sagte er, die Verhältnisse seien stets sehr beschwerlich gewesen. Zum einen hatte er große Mühe einen Verleger für seine Werke zu finden, sodass bis zur Veröffentlichung seines oben erwähnten Hauptwerkes 1860 das Geld stets knapp war. Außerdem fehlte es ihm in New York und Staten Island an Gleichgesinnten; außer zu Hecker sind keine weiteren Verbindungen zu anderen *Achtundvierzigern* bekannt. Sein Heimweh machte die Situation nicht gerade erträglicher und die teilweise harten Winter Ende der 1860er bedeuteten starke Einschränkungen in der Lebensqualität. Nachdem in Baden eine generelle Amnestie für die Revolutionäre ausgerufen wurde, nahm Struve dies sofort zum Anlass, in die so sehr vermisste Heimat zurückzugehen.[46] Diese Rückkehr ist untypisch für politisch emigrierte Deutsche. Zwar war den meisten bei ihrer Ankunft nicht bewusst, dass sie nicht mehr zurückkehren würden, jedoch konnten sie sich ein Leben aufbauen, das sie am Ende nicht mehr aufgeben wollten.[47] Zu den oben genannten Schwierigkeiten Struves, sich in Amerika zu etablieren, kann jedoch auch sein durchaus streitsüchtiges Wesen und sein schwieriger Charakter beigetragen haben. Zu diesem Schluss kommen Zucker und Reimann; Letzterer beschreibt ihn im Gegensatz zu Hecker als sogar in den eigenen Reihen unbeliebt und als fanatisch mit einem Hang zum Dilettantismus, ohne scharfen Verstand.[48] Dies zeigt sich im nur mäßigen und kurzweiligen Erfolg seiner Unternehmungen. Seine moralisierende Art brachte ihm den Hohn der Zeitgenossen ein. Jedoch gibt es auch Weggefährten, die ihn wohlwollender beurteilen. Struve galt auch als selbstsicher, energisch, zäh und geradlinig; begeisterungsfähig und von dauerhafter innerer Überzeugung den eigenen Idealen gegenüber.[49]

---

[46] Struve: Diesseits und Jenseits, Kap. 1.
[47] Ausnahmen bilden J. Gambs, der seine Rentenansprüche nicht verlieren wollte, C. Daenzer, der mit der Gesellschaft im Allgemeinen unzufrieden war und F. Kapp, dieser war am Ende jedoch Deputierter im Reichstag von 1872. In: Zucker: Forty-Eighters, S. 151.
[48] Seine Entdeckung der „Phrenologie", einer Scheinwissenschaft die vom der Schädelform auf den Charakter schließt, unterstreicht dies. In: Reimann: Hochverratsprozeß, S 22.
[49] Beispielsweise sein Biograph M.W. Löwenfels. In: Löwenfels, M.W.: Gustav Struve's Leben, nach authentischen Quellen u. von ihm selbst mitgetheilten Notizen. Basel 1848.

5. *Wegweiser für Auswanderer* (1867): Das Leben in Amerika

Gustav Struve veröffentlichte bereits 1866 einen gleichnamigen Ratgeber[50], der sich zu dem hier behandelten *Kurzgefasste[n] Wegweiser für Auswanderer mit besonderer Rücksicht auf Nordamerika [sic!] die brittischen Colonien, die südamerikanischen Republiken und Australien* einzig im Umfang wesentlich unterscheidet. Für den Zweck dieser Arbeit ist jedoch die knappere Version ebenfalls ausreichend.

Das Werk ist in fünf Abschnitte unterteilt. Im ersten Kapitel geht er nach einer allgemeinen Einleitung näher auf die einzelnen Lebensbereiche in den Vereinigten Staaten ein und beleuchtet im zweiten Abschnitt die übrigen Auswanderungsländer nur sehr kurz. Im dritten Kapitel definiert er, wer zur Auswanderung geeignet ist und wer nicht. Im nächsten Abschnitt gibt er Ratschläge zur Organisation der Reise und im letzten Kapitel beschäftigt er sich mit dem optimalen Fortkommen in Amerika.

Als Begründung für die rasche erneute Ausgabe des Wegweisers führt er die Vorteile einer inhaltlichen Kürzung auf und gibt an, auf die aktuelle politische Lage der letzten Monate, namentlich die Abschaffung der Sklaverei, noch eingehen zu wollen.

Schon auf der ersten Seite betont er, dass sich am Thema Auswanderung die Geister scheiden. Das Ziel des Wegweisers soll deshalb eine objektive und fundierte Entscheidungshilfe sein, ohne explizit Partei für oder gegen die Auswanderung ergreifen zu wollen. Im weiteren Verlauf schildert Struve die Missstände in Europa, angefangen von der Ausbeutung des Volkes durch die Obrigkeit.[51] Zudem nährt er die Befürchtung eines weiteren Krieges in naher Zukunft, der die bereits sowieso schon immense Schuldenbelastung der europäischen Staaten noch mehr in die Höhe treiben würde.

Im Kapitel über die Vereinigten Staaten betont er eingangs sofort, dass sie dem Auswanderungswilligen die meisten Vorteile versprechen und dass fünf Millionen Einwanderer dorthin – so viele wie in kein anderes Land der Welt zu dieser Zeit - nicht irren können. Als Vorteile führt er die Freiheit in allen Lebensbereichen (in Kunst, Religion, Wissenschaft, Gewerbe und Heirat) an, Bildungsstandards, welche mit denen in Europa zu vergleichen sind und ein angemessenes Preisniveau nebst einem hohen Arbeitslohn. Ein weiterer Vorzug für Deutsche Einwanderer sei, dass

---

[50] Struve, Gustav: Wegweiser für Auswanderer. Bamberg 1866.
[51] Er prangert die kostspielige Hofhaltung, den Unterhalt stehender Heere, Kirchen und Klöster sowie den Geburtsadel und das Beamtentum an und führt als Basis allen Übels unvernünftige Gesetze an. Ebd., S. 6f.

sich bereits viele Landsleute in Amerika niedergelassen hätten. Er beglückwünscht die Staaten zur Abschaffung der Sklaverei und betont, dass auch nach dem Ende des Bürgerkrieges noch Spannungen in den Südstaaten vorherrschten. Daher sei es am besten, man ließe sich im nördlichen Gebiet Amerikas nieder, wo die freie Arbeit generell in hohen Ehren stünde. Zudem merkt er an, dass es in Amerika weder einen Kaiser, noch Monarchie oder Aristokratie gebe oder sonstige Missstände wie in Europa, für die die Bürger aufkommen müssten. Vielmehr sei der gesamte Staatsapparat gewählt und austauschbar, sodass die gesamte politische Macht beim Volk bleibt. Aufgrund dieser freien Umstände könne sich auch der Wohlstand so schnell verbessern, welcher im Vergleich zum Bevölkerungswachstum rasant zunehme.[52] Als weiteren nicht zu vernachlässigenden Punkt führt er die Gewerbe- und Niederlassungsfreiheit an. So ist es jedem Bürger erlaubt, den Beruf oder den Wohnort zu ändern, so oft er möchte und ohne Angabe von Gründen sowie ohne die Behinderung von Zollgrenzen, welche den Handel mit Waren nicht behindern. Im Gegensatz zu Europa gelte dieses Recht auf dem gesamten amerikanischen Territorium. Das amerikanische Bürgerrecht sei schon nach fünf Jahren Aufenthalt zu erwerben. Erfolgversprechende Gewerbe seien das Fabrikwesen und Gewerbe im Zusammenhang mit der Verarbeitung von Rohstoffen. Ebenso stünden die Chancen gut für die Arbeiterschicht, da das Lohnniveau höher als in Deutschland sei und es genügend Arbeit vorhanden gebe.

Die Sprache betreffend rät er, das Englische so früh wie möglich zu erlernen, obgleich etwa sieben Millionen deutsche Muttersprachler in Amerika lebten. Um sich gleich nach der Ankunft gut in die Gesellschaft einfügen zu können und sich vor Nachteilen zu schützen, sei dies eine unabdingbare Voraussetzung, genauso wie die Aneignung der dortigen Sitten und Gebräuche. Nebst aller Anpassung sollte der Einwanderer jedoch keinesfalls seine deutschen Wurzeln vergessen und das Deutschtum auch an seine Kinder weitergeben, da diese von den positiven Zügen des deutschen Charakters nur profitieren könnten. Sehr detailliert beschreibt er indes die verbesserte Lebensqualität der einzelnen Stände im Vergleich zu den in Deutschland lebenden. Auch sei grundsätzlich der Umgang miteinander und insbesondere gegenüber Frauen, Armen und Kindern sittlicher und tugendhafter, sodass Verfehlungen diesbezüglich weitaus konsequenter geahndet würden. Richter, die

---

[52] Struve spricht von einer Bevölkerungszunahme von 30% bei einem Anstieg des Wohlstands um 126%. Ebd., S. 7.

dem kontinuierlich einen Riegel vorschöben, kämen schneller in den Genuss einer Beförderung als andere.

Im nächsten Abschnitt geht er auf das Geld, die Maße und Gewichte ein, welche er genauestens erklärt und aufschlüsselt. Er kommt zu dem Schluss, dass das amerikanische Geld weitaus bequemer sei als das Deutsche, obwohl es doch ein sehr komplexes System aus Münzen, Scheinen und verschiedenen Wertigkeiten gäbe.

In der Politik setzt sich diese überaus positive Beschreibung fort. Er bescheinigt den Amerikanern eine „Erhabenheit der Gesinnung" und „große Entschlossenheit"[53], da sie es fertigbrachten, sich vom Mutterland England loszulösen. Nach einem längerem Zitat aus der *Declaration of Independence* von 1776 kommt er zu dem Schluss, dass „das Zauberwort Freiheit"[54] sei, da es die Grundlage für die positiven Gegebenheiten in Staat, Geschäftsleben, privater und geistiger Entwicklung sei. Er führt detailliert aus, wie sich die einzelnen Gewalten sowie die verschiedenen Nationalstaaten gegenseitig regulieren und in einem ausgewogenen Verhältnis zur Zentralmacht stünden, sodass die amerikanische Gewaltenteilung noch besser sei als diejenige Frankreichs von 1789. Alles in allem sagt er dem amerikanischen Volk eine rosige Zukunft voraus, die durch den Fortschrittsgeist sicher erreicht würde.

Das zweite Kapitel ist in meiner Analyse genauso knapp gehalten, wie Struve sich dem Thema widmet. Zusammenfassend lässt sich darüber sagen, dass er an jedem anderen Zielland mehr oder weniger viel auszusetzen hat - meist aus politischen Gründen. Dies bringt ihn wiederum zu dem Schluss, dass als Auswanderungsziel lediglich Amerika oder höchstens noch die britischen Kolonien in Kanada in Frage kommen.

Der Abschnitt, welcher sich damit befasst, wer zum Auswandern geeignet ist und wer nicht, erwähnt zunächst noch einmal die automatische Verbesserung der Lebenssituation in Amerika, bevor Struve mit einer Aufzählung beginnt, welche Eigenschaften, Tugenden und Verhaltensweisen man an den Tag legen sollte, um sich gut in Amerika zurechtzufinden.[55] Er empfiehlt, bereits in jungen Jahren auszuwandern, da man sich dann noch leichter eine Existenz aufbauen könne und etwaige Kinder in Amerika keine so große finanzielle Last darstellen. Außerdem sei

---

[53] Ebd., S. 21.
[54] Ebd., S. 22.
[55] Dazu zählt er Fleiß, Ausdauer, Rücksicht, Anpassungsfähigkeit und eine Ausbildung. Ebenso sollte man die Naturgesetze nicht verletzen und die deutschen Werte wie Mitgefühl, Freundlichkeit, Herzlichkeit und gesunde Geselligkeit pflegen. In: Ebd., S. 40ff.

es wichtig, bei guter Gesundheit zu sein, da Ärzte und Medikamente wesentlich teurer seien und schlechter erreichbar als in Deutschland.

Zur Reiseorganisation gibt er einige hilfreiche Ratschläge und praktische Tipps. Die Angelegenheiten sollten geregelt, alle wichtigen Dokumente eingepackt, Geld und Wechsel besorgt und Empfehlungsbriefe organisiert sein. Nachdem die Route sorgfältig geplant worden ist, gibt er Hilfestellung zur Auswahl des Schiffes, des Kapitäns und zum Überfahrtsvertrag. Des Weiteren betont er, wie man sich auf dem Schiff zu verhalten habe und wie die ersten Tage im Zielhafen am besten zu meistern seien. Er macht Vorschläge, wo sich welche Berufsgruppe am gewinnbringendsten ansiedeln könnte und hebt hervor, dass man sich so bald wie möglich um das amerikanische Bürgerrecht bemühen sollte.

Zum Vorankommen in der neuen Heimat Amerika merkt er nochmals an, dass es weder eine Gewerbe-, noch eine Wohn- oder Heiratsbeschränkung gäbe. Außerdem sei man völlig frei, wie man seine Kinder erzieht und wem man seinen Besitz vererbt, da ein Pflichterbteil nicht existierte. Zu guter Letzt gibt er dem Auswanderer noch den Rat, mit der Heimat in Kontakt zu bleiben, da dies nicht nur einen gewerblichen Vorteil, nämlich den Austausch von Waren zur Folge habe, sondern auch die transatlantischen Beziehungen intensiviere und die Botschaft vom angenehmen Leben in Amerika ganz Europa erreichen solle. Am Ende des Werkes sind einige weiterführende Literaturhinweise angebracht, unter denen sich auch andere Werke Struves befinden.

6. Quellenbewertung: Beurteilung von Struves Einschätzungen

Mit dem Wissen um Struves ambivalenten und bisweilen schwierigen, wenn nicht sogar eigenwilligen Charakter, erscheint sein Werk in einem anderen Licht. Obwohl er vor seiner eigenen Ausreise nach Amerika keineswegs als Freund der überseeischen Auswanderung galt und das Land bei der erstbesten Gelegenheit 1862 wieder verließ, preist er es in seinem Wegweiser regelrecht als ein Paradies für Freigeister an. Zwar stellt er eingangs fest, dass er eine objektive Entscheidungshilfe bieten möchte, diese fällt jedoch sehr subjektiv und oft pauschalisierend aus. Gleich zu Beginn bemängelt er ausführlich die Missstände im europäischen Staatswesen. Diese Bemerkungen lassen seine eigene politische Sichtweise klar durchscheinen. Als überzeugter Demokrat, radikaler Revolutionär und Reformer kann er naturgemäß nur einseitig über die damaligen Verhältnisse sprechen. Es erschließt sich mir nicht gänzlich, woher seine überschwängliche Begeisterung für Amerika so plötzlich kommt. Aus seiner Zeit in Amerika sind Aussagen von ihm bekannt, die ein ganz und gar gegenteiliges Bild vermitteln, angefangen von mäßig guter Gesellschaft bis über eine dümpelnde kulturelle Szene und immer noch vorherrschende Anfeindungen nach dem beendeten Bürgerkrieg.[56]

Die Zustände in Übersee beschreibt er sehr generalisierend und geht wenig auf die möglichen Risiken des Lebens in Amerika ein. Er selbst hatte zeitweise große Mühe, sich dort über Wasser zu halten, sein Bericht suggeriert jedoch, dass sich die Situation eines jeden Einzelnen zwangsweise nur verbessern kann aufgrund der vorteilhaften Gegebenheiten in Staat und Gesellschaft. Er wiederholt sehr oft den glücklichen Umstand, dass die Sklaverei nun abgeschafft worden ist, vielleicht aus dem Grund, um auch die letzten Zweifler noch von einer stabilen innenpolitischen Lage zu überzeugen. Des Weiteren redet er weitere Nachteile schön, wie zum Beispiel die Krise um die Spekulation mit Land und marginalisiert diese.[57] Bereiche, in denen er selbst wenig eigene Erfahrung vorzuweisen hat, hält er ohne weitere Erklärung sehr kurz, so zum Beispiel die der Gewerbezweige und das gesamte zweite Kapitel über mögliche Alternativen zum Zielland Nordamerika. Themen, zu denen er eine sehr starke eigene Meinung vertritt, behandelt er jedoch mehr als ausreichend. So etwa den Lebensstandard der einzelnen Gesellschaftsgruppen im Vergleich zu Deutschland, welches Verhalten man an den Tag legen müsse und wie der eigene Charakter beschaffen sein sollte. Diese Teile muten daher eher wie eine persönliche Verhaltensbelehrung an. Am Sachlichsten ist das Kapitel zur Organisation der Reise gehalten, hier werden dem Auswanderer tatsächlich sehr viele Fakten genannt und hilfreiche Ratschläge gegeben.

Letztendlich kann ich mich der Meinung der beiden Historiker Zucker und Reimann, sowie der einiger seiner Zeitgenossen anschließen. Gustav Struves Ansichten muten teilweise tatsächlich etwas eigenwillig an. Wenn auch die dahinter liegenden Einstellungen und Werte nicht unbedingt so verschieden sind zu denen anderer *Forty-Eighters*, so äußert er diese zumindest nicht sehr klug und verfällt schnell in eine bloße Belehrung.

Nichtsdestotrotz fand ich es spannend, das Thema aus seiner Sichtweise zu untersuchen. Er war nicht nur einer der wenigen *Achtundvierziger*, die wieder nach

---

[56] Struve: Diesseits und Jenseits, Kap. 1.
[57] Struve: Wegweiser, S. 10.

Deutschland zurückgekehrt sind. Er war zudem von Geburt an ein Aristokrat, der sich bewusst gegen diese Lebensweise entschieden hatte, seinen Titel ablegte und sich schon in jungen Jahren auf die Seite der Revolutionäre schlug. Vielleicht ist diese radikale Gesinnung im Nachhinein dafür verantwortlich, dass er die Vereinigten Staaten – während der Niederschrift des Wegweisers war er ja bereits wieder in Deutschland – im Angesicht der reaktionären Verhältnisse doch in einem derart guten Licht darstellt.

7. Schluss

Die zu Beginn meiner Arbeit formulierte These, dass in Deutschland verfügbare Informationen über die Auswanderung im Allgemeinen und über Amerika als Zielland im Besonderen während des 19. Jahrhunderts kaum objektiv sein konnten, hat sich im Verlauf der vorliegenden Untersuchung meiner Meinung nach bekräftigt. Man kam zwar sehr leicht an Informationen zum Thema Auswanderung, diese waren aber nur teilweise verlässlich. Zwar gab es spätestens seit der staatlichen Konzessionierung genügend seriöse Agenturen und Vereine, die den Auswanderer ohne größere Schwierigkeit an sein Ziel brachten. Jedoch gibt es auch zahlreiche Berichte von Missbrauchsfällen, sei es beim Reisepreis, der Beförderung oder der Beschaffung von Land oder Arbeit, sodass in New York sogar ein eigens bestellter *Commissioner* zur Überwachung notwendig zu sein schien.

Berichte wie Struves *Wegweiser* neigten dazu, das Auswandern als einfacher und gewinnbringender darzustellen als es meistens der Fall war. Speziell im Fall Struves lässt sich also sagen, dass er die Vereinigten Staaten als Zielland rosiger beschreibt als es andere Zeitgenossen taten und sogar er selbst erlebt hatte. Darüber hinaus behandelt er Themen, über welche er nur eingeschränkt informiert ist, beispielsweise über die Auswanderung nach Südamerika oder Australien. Außerdem wurde festgestellt, dass seine Aufenthaltsdauer von „nur" etwas mehr als zehn Jahren - im Vergleich zum Rest des Lebens anderer Einwanderer - seiner Glaubwürdigkeit durchaus Abbruch tut.

Für eine weiterführende Untersuchung der Auswanderung nach Nordamerika würde sich anbieten, die Siedlungsgewohnheiten der jeweiligen ethnischen Gruppen zu untersuchen. Wo siedelten sich diese an, wie erfolgreich waren sie im Bestreiten des Lebensunterhaltes und in wie fern erfüllten sich ihre mitgebrachten Hoffnungen? Dies könnte einen tieferen Einblick in die gesamte Thematik bescheren.

Quellenverzeichnis

- Auswanderung aus den Regionen des heutigen Rheinland-Pfalz
  Online in Internet: URL: http://www.auswanderung-rlp.de/auswanderung-nach-nordamerika.html.
  [Abrufdatum 07.03.2015]

- Heimatverein Schortens von 1929 e.V.
  Online in Internet: URL: http://hv-schortens.de/oft-letzter-ausweg-aus-der-not-amerika/.
  [Abgerufen am 09.03.2015]

- Stadtarchiv Lingen
  Online in Internet: URL: http://www.noz.de/media/2013/09/15/ueber-zeitungsanzeigen-nahmen-auswanderer-abschied_full.jpg.
  [Abgerufen am 14.03.2015]

- Oldenburgische Zeitung No. 30, 13.04.1847 (Universität Oldenburg).
  Online in Internet: URL: http://www.nausa.uni-oldenburg.de/juerjens/index.html. [Abrufdatum 10.03.2015]

- Struve, Gustav: Diesseits und Jenseits des Oceans. Zwanglose Hefte zur Vermittelung der Beziehungen zwischen Amerika und Deutschland. Coburg 1867.
  Online in Internet: URL: http://www.mdz-nbn-resolving.de/urn/resolver.pl?urn=urn:nbn:de:bvb:12-bsb10017402-0.
  [Abrufdatum 05.03.2015]

- Struve, Gustav: Kurzgefaßter Wegweiser für Auswanderer mit besonderer Rücksicht auf Nordamerika die brittischen Colonien, Mexiko, die südamerikanischen Republiken, Brasilien und Australien. Bamberg 1867.
  Online in Internet: URL: http://reader.digitale-sammlungen.de/resolve/display/bsb10434379.html.
  [Abrufdatum 10.03.2015]

Literaturverzeichnis

- Fisch, Jörg (Bearb.): Europa zwischen Wachstum und Gleichheit 1850-1914. Stuttgart 2002. (= Handbuch der Geschichte Europas, Bd. 8).

- **Online in Internet:** URL: http://www.germanheritage.com. [Abrufdatum 05.03.2015].

- Henßler, Patrick: Schreiten wir vorwärts und gründen unmerklich Reiche. Schwäbische Revolutionäre in den Vereinigten Staaten von Amerika. Zur Kontinuität politischer Einstellungen. Frankfurt am Main 2007, S. 37-42. (= Europäische Hochschulschriften, Reihe 3. Geschichte und ihre Hilfswissenschaften.).

- Mania, Mario: Deutsches Herz und amerikanischer Verstand. Die Nationale und Kulturelle Identität der Achtundvierziger in den U.S.A.. Frankfurt am Main 1993. (= Europäische Hochschulschriften, Reihe 14. Angelsächsische Sprache und Literatur).

- Reimann, Mathias: Der Hochverratsprozeß gegen Gustav Struve und Karl Blind. Der erste Schwurgerichtsfall in Baden. Sigmaringen 1985.

- Siemann, Wolfram: Gesellschaft im Aufbruch. Deutschland 1848-1871. In: Moderne deutsche Geschichte, hrsg. Von Hans-Ulrich Wehler. Frankfurt am Main 1996.

- Von Hippel, W. und Stier, B. (Bearb.): Europa zwischen Reform und Revolution 1800-1850. Stuttgart 2012 (=Handbuch der Geschichte Europas, Bd. 7).

- Winzer, Fritz: Emigranten. Geschichte der Emigration in Europa. Mit 15 Karten von F. W. Stümbke. Frankfurt am Main 1986.

- Zucker, Adolf E. (Hrsg.): The Forty-Eighters. Political Refugees of the German Revolution of 1848. New York 1950.